Bibliografische Information der Deutschen Nationalbibliothek:

Die Deutsche Bibliothek verzeichnet diese Publikation in der Deutschen National-bibliografie; detaillierte bibliografische Daten sind im Internet über http://dnb.d-nb.de/ abrufbar.

Impressum:

Copyright © 2016 GRIN Verlag, Open Publishing GmbH
Druck und Bindung: Books on Demand GmbH, Norderstedt Germany
ISBN: 9783668223714

Dieses Buch bei GRIN:

http://www.grin.com/de/e-book/323244/das-apostolikum-der-apostolikumsstreit-und-die-sicht-von-adolf-von-harnack

Nina Schibielsky

Das Apostolikum, der Apostolikumsstreit und die Sicht von Adolf von Harnack

GRIN Verlag

GRIN - Your knowledge has value

Der GRIN Verlag publiziert seit 1998 wissenschaftliche Arbeiten von Studenten, Hochschullehrern und anderen Akademikern als eBook und gedrucktes Buch. Die Verlagswebsite www.grin.com ist die ideale Plattform zur Veröffentlichung von Hausarbeiten, Abschlussarbeiten, wissenschaftlichen Aufsätzen, Dissertationen und Fachbüchern.

Besuchen Sie uns im Internet:

http://www.grin.com/

http://www.facebook.com/grincom

http://www.twitter.com/grin_com

Universität Osnabrück

Evangelische Theologie

Seminar: Einführung in die Systematische Theologie

Der Apostolikumsstreit und die Sicht von Adolf von Harnack

Nina Franziska Schibielsky

Inhaltsverzeichnis

1 Einleitung

Am 28.11.2014 wurde im Rahmen des Seminars `Einführung in die Systematische Theologie` ein Referat zum Thema `Der Apostolikumsstreit und die Sicht von Adolf von Harnack` gehalten, welches die Grundlage dieser Ausarbeitung darstellt.

Das Ziel der Referatsausarbeitung besteht darin, kurz und prägnant den Apostolikumsstreit zu skizzieren und im Anschluss daran die Stellung von Adolf von Harnack in Bezug auf den Apostolikumsstreit darzustellen. Als Grundlage wird zu Beginn der Ausarbeitung zunächst eine Begriffsklärung vorgenommen. Die Referatsdiskussion wird zudem abschließend der Ausarbeitung noch einmal dargelegt und erläutert.

2 Das Apostolikum

2.1 Begriffsklärung

Das Apostolikum stellt einen Bekenntnistext zum christlichen Glauben dar und wird aus diesem Grund ebenfalls als apostolisches Glaubensbekenntnis bezeichnet. Im Gegensatz zu den östlichen Glaubensgebieten, ist in den westlichen Christengemeinden das Apostolikum in der Liturgie fest verankert.[1] Sowohl bei der Konfirmation als auch bei der Ordination ist die Anwendung des apostolischen Glaubensbekenntnisses verpflichtend. Der Fokus des Anwendungsbereiches liegt jedoch bei der Taufe.[2]

Der Aufbau des Apostolikums spiegelt eine trinitarische deklaratorische Struktur wieder. Zu Beginn steht Gott, als der `Vater` im Zentrum des Textes. Im weiteren Verlauf wird Jesus Christus als der `Sohn` fokussiert. Abschließend wird der `Heilige Geist` aufgegriffen.[3] Es entsteht eine Dreieinigkeit, zu welcher sich Christen im Verlauf einer Taufe, einer Konfirmation oder einer Ordination bekennen.[4] Das Apostolikum befasst sich demnach mit einer Nennung von elementaren Glaubensinhalten des Christentums.[5]

---

[1] Vgl. Michael Buchberger, Lexikon für Theologie und Kirche, S.878.
[2] Vgl. Eberhard Busch, Credo, S.43.
[3] Vgl. Hans Lachenmann, Bekenntnis, Zweifel, Vertrauen, S.14.
[4] Vgl. Hans Lachenmann, Bekenntnis, Zweifel, Vertrauen, S.24.
[5] Vgl. Hans Lachenmann, Bekenntnis, Zweifel, Vertrauen, S.14.

Wörtlich lautet das apostolische Glaubensbekenntnis wie folgt:

> *„Ich glaube an Gott, den Vater,*
> *den Allmächtigen,*
> *den Schöpfer des Himmels und der Erde.*
>
> *Und an Jesus Christus,*
> *seinen eingeborenen Sohn, unsern Herrn,*
> *empfangen durch den Heiligen Geist,*
> *geboren von der Jungfrau Maria,*
> *gelitten unter Pontius Pilatus,*
> *gekreuzigt, gestorben und begraben,*
> *hinabgestiegen in das Reich des Todes,*
> *am dritten Tage auferstanden von den Toten,*
> *aufgefahren in den Himmel;*
> *er sitzt zur Rechten Gottes,*
> *des allmächtigen Vaters;*
> *von dort wird er kommen,*
> *zu richten die Lebenden und die Toten.*
>
> *Ich glaube an den Heiligen Geist,*
> *die heilige christliche Kirche,*
> *Gemeinschaft der Heiligen,*
> *Vergebung der Sünden,*
> *Auferstehung der Toten*
> *und das ewige Leben.*
>
> *Amen."* [6]

2.2 Entstehung des Apostolikums

Skizziert man die Entstehung des Apostolikums, stellt sich zunächst die Frage nach dem Ursprung der Bezeichnung. Die Grundlage der Begrifflichkeit des Apostolikums liefert eine Legende, welche zunehmend im Mittelalter propagiert wurde. Diese Legende besagt, dass die zwölf Apostel im Anschluss an das Apostelkonzil selbst das

---

[6] Evangelische Kirche in Deutschland, Das apostolische Glaubensbekenntnis, Zugriff 20.1.2016.

Glaubensbekenntnis formulierten.[7] Aus diesem Grund sei der Bekenntnistext in zwölf Passagen eingeteilt, da jeder der Apostel je einen Satz zu dem Apostolikum beifügte.[8] Diese Legende ist bereits vor einigen Jahrzehnten wiederlegt wurden, führte dennoch zu enormer Anerkennung des apostolischen Glaubensbekenntnisses im westlichen Christentum.[9]

In der heutigen Zeit vertreten Wissenschaftler die Annahme, das Apostolikum sei im Laufe der Zeit aus variierenden Bekenntnistexten entstanden beziehungsweise zusammengesetzt. Grundlage hierfür sei das Material aus Bekenntnissen, welche bereits in abgewandelten Formen im Neuen Testament zu finden sind.[10] Als Beispiel lässt sich hier zum einen der 2. Korinther 13,13 nennen, bei dem ein Bekenntnis in Form eines Segens gesprochen wird. Zum anderen ist das trinitarische Taufbekenntnis in Matthäus 28,19 zu erwähnen. Die Wissenschaftler sind sich darüber einig, dass dies das Grundgerüst des heutigen Apostolikums darstellt.[11] Die erste Verschriftlichung des apostolischen Glaubensbekenntnisse in seiner heutigen Form ist auf einen Brief der Synode Mailands an den Papst Syricius, welcher zwischen 384 n.Chr. und 399 n. Chr. regierte, zurückzuführen.[12] Die Grundstruktur des Apostolikums lässt sich jedoch bereits um die Zeit 215 n.Chr. bei Hippolyt datieren. Anders als das heutige Bekenntnis zeichnete sich der Aufbau jedoch durch eine Frageform aus. Im Zentrum des damaligen Textes stand der Glaube an Jesus Christus.[13] Im Laufe des dritten Jahrhunderts entwickelte sich in der römischen Gemeinde ein deklaratorisches, fest in die Liturgie eingebundenes Bekenntnis mit dem Namen `Romanum`.[14] Im sechsten Jahrhundert fügten einige Provinzen Roms dem Romanum variierende Anmerkungen zu. Im Laufe dieses Vorganges entstand im Südwesten Galliens das heutige Apostolikum mit seinem Wortlaut. Durch den Missionar `Priminis`, der die Variation des Romanums verschriftlichte, verbreitete sich dies über die Landesgrenzen Roms.[15] Das apostolische Glaubensbekenntnis wurde zu keiner Zeit durch eine Synode beschlossen beziehungsweise hervorgehoben. Aufgrund seiner Aussagen beziehungsweise seiner Symbolhaftigkeit verankerte sich das Bekenntnis in der

---

[7] Vgl. Hans Lachenmann, Bekenntnis, Zweifel, Vertrauen, S.17-18 .
[8] Vgl. Eberhard Busch, Credo, S.38.
[9] Vgl. Hans Lachenmann, Bekenntnis, Zweifel, Vertrauen, S.17-18.
[10] Vgl. Eberhard Busch, Credo, S.43.
[11] Vgl. Hans Lachenmann, Bekenntnis, Zweifel, Vertrauen, S.22-23.
[12] Vgl. Heinz Brunotte, Evangelisches Kirchenlexikon, S.230.
[13] Vgl. Eberhard Busch, Credo, S.44.
[14] Vgl. Hans Lachenmann, Bekenntnis, Zweifel, Vertrauen, S.16.
[15] Vgl. Hans Lachenmann, Bekenntnis, Zweifel, Vertrauen, S.19.

westlichen Christengemeinde.[16] In der Zeit der Reformation wurde das Apostolikum ebenfalls anerkannt. Lediglich die Begrifflichkeit `heilige katholische Kirche` wurde in `heilige christliche Kirche` umgeändert.[17]

3 Der Appstolikumsstreit

Der sogenannte `Apostolikumsstreit` lässt sich am Ende des 19. Jahrhunderts verorten. Der entstandene Konflikt befasste sich mit der theologischen Stellung des Apostolikums und dessen liturgische Relevanz insbesondere bei der Taufe und der Ordination.[18] Im Laufe des 19. Jahrhunderts entstand eine Gruppe liberaler Geistlicher, welche das apostolische Glaubensbekenntnis als zeitlich nicht mehr zutreffend darstellten. Sie stimmten überein, dass das Apostolikum ein Terminus längst vergangener Zeiten sei und die dort benannten Perspektiven nicht mehr vertreten werden können.[19] Besonders die Aussagen „[…]Jungfrauengeburt, Höllenfahrt und leiblicher Wiederkunft Jesu Christi sowie der Auferstehung des Fleisches[…]"[20] wurden als kritisch angesehen. Der Evangelische Oberkirchenrat und seine Anhänger sahen Kritik am Apostolikum als Anzweiflung des Glaubens[21] und forderten eine Ausschließung der Betroffenen vom geistlichen Amt.[22] Um dies besser durchsetzen zu können wurde ein Mitbestimmungsrecht für die Wahl der Angestellten, im Bereich der Professur des geistlichen Amtes, beantragt. Dies wurde jedoch durch einen Mehrheitsentscheid abgelehnt.[23]

Aufgrund der Verpflichtung des apostolischen Glaubensbekenntnisses im liturgischen Gebrauch resultierte ein Konflikt für die liberalen Geistlichen. So standen beispielhaft viele evangelische Pfarrer vor der Problematik, das Apostolikum grenzenlos als Inbegriff ihres eigenen Glaubens zu sehen. Dies führte dazu, dass die Geistlichen sich nicht mehr in der Lage sahen, gemeinsam mit ihrer Gemeinde das Glaubensbekenntnis zu sprechen und sich so zu sämtlichen Symboliken des

---

[16] Vgl. Eberhard Busch, Credo, S.46.
[17] Vgl. Hans Lachenmann, Bekenntnis, Zweifel, Vertrauen, S.21.
[18] Vgl. Albrecht Beutel, Spurensicherung, S.52.
[19] Vgl. Eberhard Busch, Credo, S.56.
[20] Albrecht Beutel, Spurensicherung, S.52.
[21] Vgl. Heinz Brunotte, Evangelisches Kirchenlexikon, S.230.
[22] Vgl. Sun-Ryol Kim, Die Vorgeschichte der Trennung von Staat und Kirche in der Weimarer Verfassung von 1919, S.97.
[23] Vgl. Sun-Ryol Kim, Die Vorgeschichte der Trennung von Staat und Kirche in der Weimarer Verfassung von 1919, S.97.

Bibliographic information published by the German National Library:

The German National Library lists this publication in the National Bibliography; detailed bibliographic data are available on the Internet at http://dnb.dnb.de .

Imprint:

Copyright © 2017 GRIN Verlag, Open Publishing GmbH
Print and binding: Books on Demand GmbH, Norderstedt Germany
ISBN: 9783668563681

This book at GRIN:

http://www.grin.com/en/e-book/378825/literature-review-on-the-application-of-nanotechnology-in-tissue-engineering

Apostolikums zu bekennen.[24] Das Resultat aus der Ablehnung des Gebrauches des Bekenntnistextes bestand aus einer Vielzahl von Disziplinarverfahren gegen die evangelischen Pfarrer zwischen 1845 bis 1891.[25] So weigerte sich Beispielhaft der Pfarrer Gustav A. Wislicenus im Jahre 1846 ebenso wie Wilhelm E. Baltzer im Jahr 1847 das Apostolikum anzuwenden. Dies führte zu einer Entlassung seitens des Evangelischen Oberkirchenrats.[26]

Der wohl bekannteste Vorfall trug sich jedoch im Jahr 1891 zu. Der württembergische Pfarrer Christoph Schrempf hielt sich bei einer Taufe nicht an die liturgische Verpflichtung, das Apostolikum zu sprechen.[27] Schrempf entwickelte eine eigene Taufformel, die seiner Meinung nach den Kern des Christentums wiederspiegelte und dennoch mit seinem Gewissen zu vereinbaren sei.[28] Seine kreierte Tauffrage lautete: „Wollt ihr nun, dass dieses Kind auf unseren Heiland Jesus Christus getauft und im Glauben an in christlich und gottselig erzogen werde?".[29] Bereits am 9.8.1891 kritisierte der Pfarrer während eines Gottesdienstes Teile des Apostolikums. Er teilte der Gemeinde mit, dass er „[...]an die unbefleckte Empfängnis Marias [...], die Himmelfahrt Jesu Christi [...] und die leibliche Auferstehung der Gläubigen [...]nicht mehr glauben könne[...]".[30] Einen Tag nach dieser Äußerung erhielt das württembergische Landeskonsistorium eine Aufforderung, Schrempf aus dem Gemeindedienst zu entlassen. Die Konsequenz aus dem Schreiben der Gemeinde und der Selbstanzeige nach der Verweigerung der Nutzung des Apostolikums resultierte am 3.6.1892 in einer endgültigen Amtsaufhebung von Christoph Schrempf. Dies führte in der Kirchenwelt zu enormen Diskursen in Bezug auf die Relevanz des apostolischen Glaubensbekenntnisses.[31]

Im Jahr 1893 erhielt das Konsistorium eine Petition von rund 153 württembergischen Pfarrern, die darauf plädierten, dass der ´evangelische Lehrbegriff´ und somit das

---

[24] Vgl. Albrecht Beutel, Spurensicherung, S.52-53.
[25] Vgl. Heinz Brunotte, Evangelisches Kirchenlexikon, S.230.
[26] Vgl. Horst Balz et al., Apostolikumsstreit, S.560.
[27] Vgl. Adolf von Harnack, Der Briefwechsel zwischen Adolf von Harnack und Martin Rade, S.46.
[28] Vgl. Sun-Ryol Kim, Die Vorgeschichte der Trennung von Staat und Kirche in der Weimarer Verfassung von 1919, S.98.
[29] Sun-Ryol Kim, Die Vorgeschichte der Trennung von Staat und Kirche in der Weimarer Verfassung von 1919, S.97.
[30] Sun-Ryol Kim, Die Vorgeschichte der Trennung von Staat und Kirche in der Weimarer Verfassung von 1919, S.98.
[31] Vgl. Sun-Ryol Kim, Die Vorgeschichte der Trennung von Staat und Kirche in der Weimarer Verfassung von 1919, S.98-99.

Apostolikum nicht als verpflichtend zu verstehen sei. Das Konsistorium wies dies mit Hilfe einer neuen Anordnung jedoch ab.[32]

4 Die Sicht von Adolf von Harnack

Wie oben bereits erwähnt, wurde Christoph Schrempf im Jahr 1892 aus dem Kirchendienst entlassen. Diese Entlassung sah eine Vielzahl von Studenten als Handlungsgrund. Die Studenten diskutierten untereinander, ob es Sinnvoll wäre eine Unterschriftensammlung gegen die liturgische Verpflichtung des apostolischen Glaubensbekenntnisses durchzuführen. Diese solle dann im Anschluss an den evangelischen Oberkirchenrat gesandt werden.[33] Im Juli 1892 suchten sie Professor Adolf von Harnack auf, um sich von ihm diesbezüglich eine Meinung einzuholen.[34]

Der Professor wünschte sich Bedenkzeit und antwortete daraufhin in seiner Vorlesung über `neuste Kirchengeschichte`. Die Häufung der Entlassungen der Geistlichen und insbesondere die von Christoph Schrempf bot laut Harnack einen Grund, erneut über die Relevanz des Glaubensbekenntnisses zu diskutieren.[35] Zu Beginn seines Kolleg teilte Harnack mit, dass er strikt gegen eine Entfernung des Apostolikums sei, eine Bearbeitung des jetzigen apostolischen Glaubensbekenntnisses in seinen Augen jedoch unausweichlich sei. Zunächst stellte Harnack dar, dass ein Verwerfen des Apostolikums diejenigen Christen vor den Kopfstoßen würde, die den Glauben voll in ihm ausgedrückt finden.[36] Weiterhin wies Harnack auf die Historizität und den enormen religiösen Wert des apostolischen Glaubensbekenntnisses hin. Diese Aspekte bewegten Harnack, gegen eine generelle Abschaffung des Apostolikums zu plädieren. Wie oben bereits erwähnt, sah Adolf von Harnack jedoch einen dringenden Handlungsbedarf dieses zu überarbeiten. Besonders die `Jungfrauengeburt` stieß bei ihm auf Widerspruch.[37] Harnack wies darauf hin, dass weder in den Predigten Jesu noch in denen der Apostel der Begriff der `Jungfrauengeburt` zu finden sei und so nicht

---

[32] Vgl. Sun-Ryol Kim, Die Vorgeschichte der Trennung von Staat und Kirche in der Weimarer Verfassung von 1919, S.99.
[33] Vgl. Adolf von Harnack, Adolf von Harnack als Zeitgenosse, S.501.
[34] Vgl. Adolf von Harnack, Der Briefwechsel zwischen Adolf von Harnack und Martin Rade, S.46.
[35] Vgl. Adolf von Harnack, Adolf von Harnack als Zeitgenosse, S.501 - 502.
[36] Vgl. Michael Basse, Die dogmengeschichtlichen Konzeptionen Adolf von Harnacks und Rheinhold Seebergs, S.197.
[37] Vgl. Michael Basse, Die dogmengeschichtlichen Konzeptionen Adolf von Harnacks und Rheinhold Seebergs, S.197.

historisch belegt werden könne.[38] Bei seiner Stellungnahme verwies Harnack jedoch auch darauf, dass die Jungfrauengeburt seiner Meinung nach nicht den zentralen Aspekt im christlichen Glauben darstellt. Aus diesem Grund könnten laut Harnack auch die Geistlichen im Amt der Kirche verweilen, die Anstoß an der Aussage der `Jungfrauengeburt` nehmen. Voraussetzung hierfür ist jedoch der Glaube an die zentralen Lehrsätze des Christentums.[39] Laut Adolf von Harnack bestehen diese zentralen Aspekte des Christentums und somit des Glaubensbekenntnisses aus „[…],heilige Kirche`, ,Vergebung der Sünden`, ,ewiges Leben´[…]".[40] Generell empfand Harnack das Glaubensbekenntnis insofern von Bedeutung, dass es Gott und Jesus Christus als seinen Sohn hervorhebt und die eben genannten Güter des Christentums durch ihn gewonnen sind.[41] Weiterhin verwies er darauf, dass die einzelnen Punkte des Apostolikums lediglich Symboliken darstellen würden und die zu vermittelnden Werte, die sich hinter diesen verbergen, zu sehen sind.[42] Seinen Studenten gegenüber erläuterte Harnack drei Möglichkeiten, mit dem Apostolikum weiter zu verfahren. Zum einen könnte das Apostolikum durch eine überarbeitete Glaubensformel ersetzt werden, welche das reformatorische Verständnis eindeutiger darstellt.[43] Aus Harnacks Sicht müsse die Geltung dieses Bekenntnisses jedoch zeitlich begrenzt werden. Wenn die evangelische Kirche die Kraft einer neuen Reformation vorweist, müsse das überarbeitete Apostolikum erneut verändert und angepasst werden. Harnack verdeutlicht hier jedoch, dass er sich selbst nicht als einen neuen Reformator sah.[44] Als weitere Möglichkeit könnte jeder Gemeinde selbst die Entscheidung überlassen werden, ob das Apostolikum in der Liturgie weiterhin Anwendung finden soll. Zuletzt bestände die Möglichkeit, dass Apostolikum aus dem liturgischen Gebrauch gänzlich zu entfernen.[45] Adolf von Harnack verdeullichte gegenüber seinen Studenten an dieser Stelle noch einmal, dass er eine Verwerfung des Glaubensbekenntnisses nicht befürworten würde.[46] Er plädierte jedoch gegen eine

---

[38] Vgl. Adolf von Harnack, Der Briefwechsel zwischen Adolf von Harnack und Martin Rade, S.52.
[39] Vgl. Michael Basse, Die dogmengeschichtlichen Konzeptionen Adolf von Harnacks und Rheinhold Seebergs, S.197.
[40] Michael Basse, Die dogmengeschichtlichen Konzeptionen Adolf von Harnacks und Rheinhold Seebergs, S.198.
[41] Vgl. Michael Basse, Die dogmengeschichtlichen Konzeptionen Adolf von Harnacks und Rheinhold Seebergs, S.198.
[42] Vgl. Adolf von Harnack, Adolf von Harnack als Zeitgenosse, S.503.
[43] Vgl. Adolf von Harnack, Adolf von Harnack als Zeitgenosse, S.502.
[44] Vgl. Michael Basse, Die dogmengeschichtlichen Konzeptionen Adolf von Harnacks und Rheinhold Seebergs, S.197.
[45] Vgl. Adolf von Harnack, Adolf von Harnack als Zeitgenosse, S.502.
[46] Vgl. Horst Balz et al., Apostolikumsstreit, S.561.

Verpflichtung des Gebrauches[47], da dies seiner Vorstellung eines `freien Christentums` wiederstrebte.[48]

Im August 1892 veröffentlichte Adolf von Harnack seine Meinung zum Apostolikumsstreit zusätzlich in der Zeitschrift `Christliche Welt`.[49] Der von Harnack verfasste Artikel löste in kürzester Zeit eine Welle negativer Rückmeldungen aus.[50] Die Erläuterung seines Standpunktes wurde als ein Angriff auf die evangelische Kirche gedeutet.[51] Dies und die Anschuldigung, diesen Konflikt gezielt provoziert zu haben, wies Adolf von Harnack entschieden zurück. Er verdeutlichte, dass erst mit Hilfe der Veröffentlichung seiner Meinung eine Agitation seitens der Studenten abgewandt werden konnte.[52] Diesen Standpunkt wiesen die konservativen kirchlichen Kreise jedoch ab.[53] Zudem erschien in der `Allgemein Evangelisch-Lutherische Kirchenzeitung` starke Kritik Harnack gegenüber. Besonders seine Stellungnahme bezüglich der Jungfrauengeburt und der Äußerung des `Notstandes` seitens Harnack wurde stark dementiert. Die `Allgemein Evangelisch-Lutherische Kirchenzeitung` beschrieb, unter Berufung auf eine Erklärung des Vorstandes der Evangelisch-Lutherischen Konferenz, den Aspekt der Jungfrauengeburt als „[…]das Fundament des Christentums[…]".[54]

Eine Beanstandung des Apostolikums setzten konservative Theologen mit einer Kritik am christlichen Glauben gleich. Die liberalen Theologen hingegen empfanden die Unterdrückung der Kritik gegenüber des Apostolikums als Bestreben, die Nutzung wissenschaftliche Erkenntnisse und zudem die christliche Freiheit zu unterbinden. So entschieden sie sich für Harnacks Seite und gegen die eingeschränkte Sichtweise des Evangelischen Oberkirchenrats. Aus diesen Verbündeten entstand rund um Adolf von Harnack und seinem Freund Martin Rade eine Verbindung, die sich als `Freunde der Christlichen Welt` bezeichnete.[55] Die Gruppe stellte sich die Aufgabe, eine Änderung beziehungsweise die Freiwilligkeit des Apostolikums anzustreben. Zudem wurde eine

---

[47] Vgl. Heinz Brunotte, Evangelisches Kirchenlexikon, S.230.
[48] Vgl. Michael Basse, Die dogmengeschichtlichen Konzeptionen Adolf von Harnacks und Rheinhold Seebergs, S.202.
[49] Vgl. Michael Basse, Die dogmengeschichtlichen Konzeptionen Adolf von Harnacks und Rheinhold Seebergs, S.196.
[50] Vgl. Michael Basse, Die dogmengeschichtlichen Konzeptionen Adolf von Harnacks und Rheinhold Seebergs, S.198.
[51] Vgl. Adolf von Harnack, Der Briefwechsel zwischen Adolf von Harnack und Martin Rade, S.47.
[52] Vgl. Michael Basse, Die dogmengeschichtlichen Konzeptionen Adolf von Harnacks und Rheinhold Seebergs, S.197.
[53] Vgl. Adolf von Harnack, Der Briefwechsel zwischen Adolf von Harnack und Martin Rade, S.47.
[54] Adolf von Harnack, Der Briefwechsel zwischen Adolf von Harnack und Martin Rade, S.48.
[55] Vgl. Adolf von Harnack, Der Briefwechsel zwischen Adolf von Harnack und Martin Rade, S.50.

Zeitschrift eingeführt, welche christliche Thematiken kurz und prägnant für ein großes Spektrum an Lesern darstellte. Dies sollte unter anderem dazu dienen, eigene Standpunkte zu erläutern und zu verdeutlichen.[56]

Am 25. November 1892 reagierte der evangelische Oberkirchenrat auf die irritierten Gemeinden. Er veröffentlichte einen Erlass, indem die Stellung des Apostolikums im Fokus stand. So verdeutlichte der evangelische Oberkirchenrat, dass das Apostolikum weiterhin eine Verpflichtung für das Christentum und zudem einen enormen Stellenwert darstellen würde. Zudem wurde hervorgehoben, dass „[…]niemand ein verkündendes Amt in der evangelischen Kirche ausüben könne, der einer der Grundwahrheiten des christlichen Glaubens widerspräche[…]".[57] Adolf von Harnack empfand den Erlass des evangelischen Oberkirchenrats als positiv. So wurde beispielhaft die Jungfrauengeburt nicht explizit als ̀Grundwahrheit ̀ des Christentums genannt. Vielmehr wird der im Apostolikum symbolhaft ausgedrückte Glaube fokussiert.[58]

Der Im November 1892 veröffentlichte Erlass und das für Adolf von Harnack empfundene positive Ergebnis, bot für ihn den Anlass sich aus der Öffentlichkeit zurückzuziehen. Adolf von Harnack konnte seine Betrachtungsweise und die daraus resultierenden Vorstellungen des Apostolikums nicht verwirklichen. Zudem ist das Glaubensbekenntnis bis heute ein verpflichtender Bestandteil der Liturgie.[59] Im Jahr 1971 wurde lediglich eine begriffliche Anpassung des Apostolikums vorgenommen. Aus „[…]niedergefahren in die Hölle[…]" wurde „[…]hinabgestiegen in das Reich des Todes[…]". Zudem wurde aus „[…]Auferstehung des Fleisches[…]" eine „[…]Auferstehung der Toten[…]"[60].

Letztendlich resultierten aus dem Apostolikumsstreit keinerlei Konsequenzen oder gar bedeutenden Neuerungen.[61]

---

[56] Vgl. Adolf von Harnack, Der Briefwechsel zwischen Adolf von Harnack und Martin Rade, S.52.
[57] Adolf von Harnack, Der Briefwechsel zwischen Adolf von Harnack und Martin Rade, S.49.
[58] Vgl. Adolf von Harnack, Der Briefwechsel zwischen Adolf von Harnack und Martin Rade, S.49.
[59] Vgl. Adolf von Harnack, Der Briefwechsel zwischen Adolf von Harnack und Martin Rade, S.55.
[60] Hans Lachenmann, Bekenntnis, Zweifel, Vertrauen, S.21.
[61] Vgl. Horst Balz et al., Apostolikumsstreit, S.562.

5 Referatsdiskussion

Zum Ende des gehaltenen Referates würde hinsichtlich des Referatsthemas eine Diskussion im Plenum angeregt.

Zunächst wurde die Frage aufgeworfen, ob das Glaubensbekenntnis in der heutigen Zeit überarbeitet werden sollte. Die Meinung des Plenums war diesbezüglich einheitlich. Das Apostolikum sei für den christlichen Glauben nicht von Bedeutung, es wird jedoch akzeptiert, wenn andere sich danach richten. Zudem kam der Gedanke auf, dass eine Aktualisierung des Apostolikums wünschenswert wäre, sich dies jedoch auch als erschwert darstellt, da sich so die Werte des apostolischen Glaubensbekenntnisses ändern könnten. Ferner besteht ein Risiko bei einer Überarbeitung darin, dass nachfolgende Generationen mit dem erneuerten Apostolikum nicht mehr übereinstimmen. Die Seminarleitung verdeutlichte zudem, dass in der heutigen Zeit eine Konformität mit sämtlichen Inhalten nur schwer möglich sei, an eine Abschaffung des Apostolikums dennoch nicht zu denken sei. Zum einen stellt das Apostolikum eine bedeutende Reminiszenz für den Glauben als eine jahrhundertelange Tradition dar. Zudem könnte eine Änderung beziehungsweise Anpassung des apostolischen Glaubensbekenntnisses eine erneute Kirchenspaltung verursachen. Diese Äußerung spiegelt ebenfalls, wie oben bereits dargelegt, die Sichtweise Adolf von Harnacks wieder.

Ein weiterer Aspekt der anschließenden Referatsdiskussion fokussierte die Bedeutsamkeit der Jungfrauengeburt. So entwickelte sich im Plenum die Frage, aus welchem Grund die Jungfrauengeburt für manche Christen so unentbehrlich sei, obwohl sich diese als unnatürlich darstellt. Einige Kommilitonen wiesen im Zuge dieser Diskussion darauf hin, dass so das Bekenntnis der Wesenseinheit verdeutlicht wird. Zudem wurde der Aspekt aufgegriffen, dass Jesus Christus so außerhalb der Erbsünde, welche zuvor im Seminar detailliert thematisiert wurde, geboren wurde. Dies führt unteranderem laut Plenum dazu, dass seine Besonderheit erneut hervorgehoben wurde. Die Seminarleitung verwies auch hier noch einmal auf den Aspekt der alternativen Denkweisen beziehungsweise des alternativen Verstehens.

Zum Ende der Referatsdiskussion bestand die Aufgabe des Plenums darin, die im Referat dargestellte Sichtweise von Adolf von Harnack in Verbindung mit vorherigen Sitzungen des Seminars zu setzen. Zu Beginn wurde erwähnt, dass bereits in früheren

Sitzungen der Drang in Bezug auf die zeitliche Anpassung seitens Harnacks deutlich wurde. Zudem wurde noch einmal dargestellt, dass Adolf von Harnack nur an Jesus Christus als Menschen glaubte und aus diesem Grund den Aspekt der Jungfrauengeburt stark kritisierte. Als abschließende Zusammenfassung entwickelte sich die Aussage im Plenum, dass ein Individuum alleine nicht in der Lage sei ein christliches Relikt wie beispielhaft das Apostolikum zu ändern, da dies sämtliche Menschen der Glaubensrichtung betrifft.

Literaturverzeichnis

Quellenverzeichnis:

Harnack, Adolf: Der Briefwechsel zwischen Adolf von Harnack und Martin Rade. Theologie auf dem öffentlichen Markt. Berlin/ New York: de Gruyter, 1996.

Harnack, Adolf: Adolf von Harnack als Zeitgenosse. Reden und Schriften aus den Jahren des Kaiserreichs und der Weimarer Republik. Teil 1. Berlin/ New York: de Gruyter, 1996.

Sekundärliteratur:

Basse, Michael: Die dogmengeschichtlichen Konzeptionen Adolf von Harnacks und Rheinhold Seebergs. Göttingen: Vandenhoeck & Ruprecht, 2001.

Beutel, Albrecht: Spurensicherung. Studien zur Identitätsgeschichte des Protestantismus. Tübingen: Mohr Siebeck, 2013.

Busch, Eberhard: Credo. Das Apostolische Glaubensbekenntnis. Göttingen: Vandenhoeck & Ruprecht, 2003.

Kim, Sun-Ryol: Die Vorgeschichte der Trennung von Staat und Kirche in der Weimarer Verfassung von 1919. Eine Untersuchung über das Verhältnis von Staat und Kirche in Preußen seit der Reichsgründung von 1871. Band 13. Berlin /Münster: LIT Verlag, 1996.

Lachenmann, Hans: Bekenntnis, Zweifel, Vertrauen: das apostolische Glaubensbekenntnis. Band 2. Stuttgart: Calwer Verlag, 1993.

Lexikonartikel:

Balz, Horst; Krause, Gerhardt; Müller, Gerhardt: Apostolikumsstreit. In: Krause, Gerhardt; Müller, Gerhardt et al. (Hrsg.): Theologische Realenzyklopädie. Band III, 1.Auflage. Berlin/ New York: de Gruyter, 1978, S.560-562.

Brunotte, Heinz; Weber, Otto: Apostolikum/Apostolikumsstreit. In: Fahlbusch, Erwin; Lochman, Jan Milic; Mbiti, John; Pelikan, Jaroslav; Vischer, Lukas (Hrsg.): Evangelisches Kirchenlexikon. Internationale theologische Enzyklopädie. Erster Band, 3. Auflage. Göttingen: Vandenhoeck & Ruprecht, 1986, S. 230.

Buchberger, Michael: Apostolisches Glaubensbekenntnis. In: Kasper, Walter; Baumgartner, Konrad; Bürkle, Horst; Ganzer, Klaus; Kertelge, Karl; Korff, Wilhelm; Walter, Peter (Hrsg.): Lexikon für Theologie und Kirche. Erster Band, 3. Bearbeitete Auflage. Freiburg im Breisgau: Herder Verlag, 1993, S. 878.

Internetquellen:

Evangelische Kirche in Deutschland: Das apostolische Glaubensbekenntnis.(http://www.ekd.de/glauben/apostolisches_glaubensbekenntnis. html) Zugriffsdatum 20.1.2016.

BEI GRIN MACHT SICH IHR WISSEN BEZAHLT

- Wir veröffentlichen Ihre Hausarbeit, Bachelor- und Masterarbeit

- Ihr eigenes eBook und Buch -
  weltweit in allen wichtigen Shops

- Verdienen Sie an jedem Verkauf

**Jetzt bei www.GRIN.com hochladen
und kostenlos publizieren**